AF599817

LISETTE VEGA DE PURCELL

ETERNO MOVIMIENTO

LISETTE VEGA DE PURCELL

ETERNO MOVIMIENTO

HUERGA & FIERRO editores

Diseño de Colección: Huerga y Fierro

Primera edición: 2025

C/Sebastián Herrera, 9
28012 Madrid-España
Telf.: 91 467 63 61
www.huergayfierro.com
huerga@huergayfierro.com

I.S.B.N.: 979-13-990325-5-0
Depósito Legal: M-12091-2025
Impreso en Romadac Industria del Libro
Impreso en España/Printed and made in Spain

ETERNO MOVIMIENTO

Sueño aún que pisa la hierba,
...caminando fantasmal entre el rocío,
atravesado por mi alegre canto.
W. B. Yeats

El poeta es un fingidor que finge constantemente, que hasta finge que es dolor, el dolor que en verdad siente. Y, en el dolor que han leído, a leer sus lectores vienen, no los dos que él ha tenido, sino sólo el que no tiene. Y así en la vida se mete, distrayendo a la razón, y gira, el tren de juguete que se llama el corazón.

Fernando Pessoa

El poeta ha de tener percepciones más allá del límite que marcan los sentidos para entrever en la ficción del momento, y en el aparente rodar de las horas, la responsabilidad eterna. El inspirado ha de sentir las comunicaciones del mundo invisible, para comprender el gesto en que todas las cosas se inmovilizan como en un éxtasis, y en el cual late el recuerdo de lo que fueron y el embrión de lo que ha de ser. Cuando mires tu imagen en el espejo mágico, evoca tu sombra de niño. Quién sabe del pasado, sabe del porvenir.

Ramón María del Valle-Inclán

El tiempo

Días que volaban como hojas de borrasca.
La ciudad aún dormía,
y yo con ella
soñaba que mis pies lamían el yerbajo que se erguía entre las grietas
de la tierra seca.
Era yo
en la circularidad del tiempo
todo regresa
a sus inicios.
Se nace
y con el nacimiento empieza el hálito
de la DUDA
Cogito ergo sum
el tiempo corre
para todo Aquel que
enfrenta la circularidad del tiempo.

Me despierto
entre la polvareda de tormentas;
violentos vientos provenientes de un desierto lejano.

Me he tragado el tiempo.

Incertidumbre

No tengo ni principio ni fin
el fin es un principio escamoteado en los jardines
colgantes de Nabucodonosor
con escollos entre los pedruscos del ocaso

aguas descarriadas, corren, arrastran
pueblos enteros que no salen de su asombro.
Palestinos e israelíes se oponen a cruzar los ríos
de la mansedumbre
Valientes pueblos de Europa del Este
se ahogan en un mar de granos

Guerras, guerras, guerras...

Qué es la vida sino una eterna incertidumbre
con la muerte que siempre acampa
en el silencio cegador.

Cautiverio

Quiero escapar de este cautiverio.
Prisión encantadora de serpientes y magos.
Como pájaro enjaulado entre barrotes de alabastro y
de terciopelo lumbre.

Entretejido en tu pelo de hilillos dorados que se tornan azulados
al llegar al castillo entre la bruma
donde los dioses del Olimpo custodian su tesoro de arcanos
Minotauros, Prometeos, Sísifos y Aquerontes
en el Hades
y tú no llegabas cuando todos esperábamos
entre la manada de corceles desbocados
con la carga de un millón de besos perfumados
de los ángeles
que aguardaban con paciencia
la llegada de un nuevo día.

Al paso de la luna

He salido al paso de la luna
me sonríe
le lanzo besos de algodón de azúcar.
Ella me pregunta
si estoy en paz conmigo misma.
Le respondo:
Sí
Ella me pregunta
Dónde
Yo respondo
En la nieblaselva que
me lleva hacia la eternidad.

Perplejidad

Temporada de la mar incierta.
Nada impide que me lance a la cubierta
        de un barco a la deriva
        con su carga de soledades
entrelazadas en la urdimbre verdinegra de las profundidades
"con sus arpegios en sus nervios locos.
Viento de loco aire de semillas de luminosidad."*
En la imperturbable niebla
        cubriendo el mar desolado
de las almas que partieron
sin decir adiós.

*Ulises. James Joyce.

El "spleen" de un París nonacentista

A Charles Pierre Baudelaire y su perdurable recuerdo.

Amo la noche en su erial umbrío,
en sus placeres que se esconden en las habitaciones de los lupanares.

San Miguel Arcángel su espada en ristre
presto para proteger a los embrujados.

Y, aquí y allá,
un aquelarre del que se proyectan unas risas estridentes, maliciosas,
provenientes de bocas desdentadas, huecas,
pronosticando el sino de algún Macbeth predestinado;
y, entre todo aquel batiburrillo de festines nocturnales
llega flaneando un personaje sin motivo melancólico,
tan brillante y tan atormentado
con la pluma de un ganso viejo entre sus manos
hallazgo en el alféizar de una ventana desconchada
plasma joyas en palabras
portadoras de Flores negras, demoníacas, oscuras,
tan oscuras como la oquedad del Averno
y tan perversas como algunos corazones negros
de otros hombres que también flanean
por las calles de tugurios abarrotadas
de un París en lontananza.

Amo esta noche que me regaló el poeta
compartiendo sus placeres clandestinos,
sus amores prohibidos, su lascivia y sus alucinaciones
uniéndose a mi sueño
en una noche de la nunca desperté.

Mi alma vuela

Mi alma vuela.
Choca con las rocas del acantilado hostil.
Se refunde en las palabras
de un silencio cruel.
Se esconde,
se transmuta
cae
sostiene las cuerdas del trapecista
el funámbulo la atrapa

se agiganta ante el peligro.

Un regalo al mundo

A Jon Fosse

Tras un gran peñasco
busca la mujer refugio
de las miradas de hombres y mujeres,
de niños y de niñas
mientras dure este noble acto
no desea la compañía de ojos ajenos.

La mujer está sola,
tan sola como el aire que respira
como el tiempo que ocupa su presencia en este acto santo
en un mundo tan vacío
y a la vez tan lleno
que ocupa su visible invisibilidad.

Están solos el peñasco y su corporeidad.
Sí, solos, ella y el peñasco
en su visible invisibilidad.

No muy lejos,
la yegua del vecino
también se esconde en la apartada esquina de un corral.
Ambas buscan la soledad
en tanto dura su muy dolorosamente puro
regalo a la humanidad y al mundo animal.

Ha llegado el momento…
Ambas se tienden sobre el suelo pétreo, la una,
Sobre un mullido lecho de pajonales, la otra.

La mujer inspira y espira,
con la regularidad de un reloj imaginario.

En sudor bañada
suelta la mujer un solo grito prolongado, prolongaaadoo
   cuyo eco se devuelve tal como ella lo había querido.

A dodo mi niño, a dodoooooo…

Caléndula

Mi cuerpo se fundió con la flor de la montaña
Los grillos cantaron una estridente sinfonía
Y yo en el centro de la flor carnívora
veía cuando la sangre del venado fluía
como líquido de líquenes envenenados.

Esa flor era la perdición de mi morada
Envuelto en el silencio vegetal del bosque de la cima
Llovían setas moradas tiñendo el aire de caléndulas
Oh flor perversa,
Explica el revés de tu significado.

Todos los elementos en concierto danzan
La danza macabra de la Muerte.

Mi mundo

Miro hacia todos los lados.
Sí.
Es mi mundo
que se ha vuelto inmundo.

Lo enfrento con mis ansias
en sus gozos y aflicciones
Sin duda, son más las aflicciones que los gozos.

Éste es mi mundo.

Las verdades se transfunden en mentiras
    la palabra no vale un mísero centavo
    la mentira arroba mentes otrora prudentes
    nos tiramos piedras en lugar de abrazos
    días de horror y espanto llenos
    nadie cree en El Oráculo de Delfos
    nadie cree en nadie

Pero éste es mi mundo.

Urdimbre de aliteraciones, metonimias, metáforas.
Verbos de juglares metafísicos.

Sábanas de lino de amor bordadas
    desgarradas, arruinadas, carbonizadas.

Una madre arrullando
    a una niña entre sus brazos.

Muchas otras niñas

en otras partes de mi mundo encarnecido
huyen de las hordas inflamadas
por los hombres cuyas mentes perturbadas
dirigen las miradas
hacia lo que imponen sus fanatismos.

Estruendo de pueblos entremezclados,
Pueblos que se odian,
se aborrecen, se destruyen.

Quisiera yo mirar hacia otro lado,
dar la espalda hacia esta realidad descabellada
de muertos y sufrientes sin medida

La realidad es insistente en este laberinto.

El amor se ha fugado de mi mundo.

Amanecer entre las nubes

Cada mañana sin deseo me despierto
entre los brazos de Morfeo
percibo que mis sábanas se mueven
del otro lado de la cama.

Quién podía ser si no eras tú
enardecido por los nervios de mi piel tersa,
  buscando entre mi espalda
  aquellas formas que tanto conocías.

Esperaba
Sí, esperaba
  que tocaras con tus codiciosas manos
  con el mástil de la nave enhiesto
  deslizarte hacia puerto seguro
Sí, soy tu mujer y siempre te espero.

El durmiente del valle

A Arthur Rimbaud

El adolescente ebrio
de pelo dorado y ojos imantados
de gato enamorado
atrapado por amor atormentado
en un seísmo de iniquidades lleno
de conocimientos esplendentes un valle abierto
salían a su encuentro
a espuertas los significados.

El adolescente ebrio,
gustoso los recogía con sus manos diamantadas.
Se alimentaba, se nutría, se saciaba;
los vomitaba convertidos en
mágicos poemas
De imágenes de colosal poder cargadas.

Fue así
un día se perdió buscando madreselvas
puso la Belleza sobre su regazo
el adolescente ebrio

Y cuál fue su sorpresa
un soldado, sin casco, mirando el cielo,
con la boca abierta
mirada fija,
yacía desnudo sobre la yerba
il a deux trous rouges
*aux côté droit.**

*Traducción de la poeta: *con dos huecos escarlata / en su costado derecho.*

La palabra

Quisiera ser sobre la hoja
una fuente de palabras.
Solo una exacta, precisa, única
Voz unánime de la idea
Ni presentimiento ni falsedad
Reflejo eterno de un fugaz presentimiento
Como todo pensamiento
Fija, abrazada al árbol generoso
Que de su noble cuerpo se desprende
la hoja que subsume a la palabra.

Sobre tu boca

Sobre tu boca
puso Dios unos labios
para que me besaran.

Sobre tus dedos
puse yo mi cabellera ensortijada
para que me la peinaras
como sólo tú sueles hacerlo.

Las luciérnagas soltaron
una lluvia de lunas encendidas y fugaces

Se llenó de luces mi cuerpo desnudo…

Amor en una gota

Te arrepientes al caer
  rasgar
  la fina membrana de la flor
  que humedece el rocío de la noche;
  persistes,
  ruedas,
  acaricias el vasto mar de mis delirios.
Tu sangre fluye,
  se decanta con la mía
  en el cáliz de los versos,
  las venas de mi lumen,
Ambos cuerpos se trasfunden
  Parte único en un largo viaje...

I

He tratado de alcanzar el infinito
Me quedé volando entre el misterio
y la melancolía.

II

Subí a los cielos
en busca de mi alma.

Encontré un barco cargado de nostalgia.

III

Arañita tejedora,
eres sabia y muy astuta,
mientras tejes en rincones oscuros, abandonados,
  a sabiendas de que nada ni nadie
  será el visitante o el volador intruso
  que deshaga tu telar seguro.

La tortolita roja

Los amaneceres eran melodías
  con los leves picotazos de mi tortolita roja.
La armonía cacofónica de sus toquecitos
  acariciaban mi oído atento
  esperando su visita cotidiana
  sobre el alféizar de la ventana de madera,
  acarreando despojos útiles,
  hojitas secas, musgo, hilos enredados.
Sobre el mullido lecho
  se anidaban las criaturas
  que expulsaban sus entrañas.

El horizonte de la infancia

Años se trasuntan en vuelos de mariposas caribeñas
Abren sus gigantescas alas ante el reflejo de una mirada joven
  Que busca la belleza en el espejo   esfuerzo en vano
Castigo tantálico del tiempo en fuga.

La muerte

La muerte toca las lindes de mi locura
Demencia cruel
    Roza la redondez...
    sin conocimiento de lo que objeta.
Siempre la quise
    de un tiempo sin tiempo
    de una vacuidad celeste.

Se acerca de la nada
    La esencia...

La esencia

Busco mi esencia mientras escribo
Mi esencia mientras escribo busco
Escribo mientras busco mi esencia
Mientras busco mi esencia escribo

Punto final.

Danza de deidades

Detrás de una columna blanca
Espiaba Apolo a la dueña de sus sueños.
Ariadna bailaba como ave entre las nubes.
En súbito rapto de voluptuosidad enceguecida
sueña el dios entre oníricos atardeceres.
Crepúsculos color almíbar atrapados en el ámbar milenario.
La repentina risotada de los dioses,
acogía con beneplácito la cópula de ambas deidades.
"En su perfil *botticelliano*,
en los céfiros que enredaban su cabello largo hasta los muslos,
Ariadna estaba enamorada de la imagen de ella misma joven."*
Se avivaba el fuego de pasiones epicúreas.
Era el fin.
Tras una hora de amor entre deidades,
del inframundo resurgieron.
La Belleza envolvió los Cielos y la Tierra.

*Cartarescu, Mircea. *Solenoide*.
Nota de la poeta. Se cambió el nombre de Caty por el de Ariadna.

La tormenta

Cortinaje de furiosa lluvia
en manada se desploma sobre el espacio del pecado.
Viento que sopla efluvios de tormentos, de culpas,
de lascivia, de alcohol derramado sobre las lenguas de
fuego de las bocas coralinas.
Iras apocalípticas de los tres jinetes
se vierten sobre los elementos de la Tierra,
los cubren de dolorosos arrepentimientos.
Espuelas de llanto se hunden en la
carne abierta por el látigo sangriento y ´
la familia se esconde tras el chapoteo de los caballos
Nocturnales
Oh, Dios! Ten piedad de los habitantes
de los barrios olvidados,
de aquellos por cuyas venas corre la savia del suplicio,
del hambre que carcome sus huesos descarnados.
Los ríos y las cañadas crecen en sus cauces;
nada respetan,
Los caballos ahora nadan en las aguas turbias
Y se pierden en la oscuridad…

Soy feliz y no lo creo

Salí en busca de la felicidad
y, por sorpresa ahí estaba frente a mí
en la forma de un bello jardín de flores variopintas
prodigando guiños desde sus pistilos juguetones.
Una azucena blanca me salpicaba el rostro de luces de bengala.
Las hortensias se vestían de sus mejores galas
para recibirme con bombos y platillos en esta fiesta en honor a quien con tanto amor las abrazaba, las acariciaba, las mojaba con su mejor loción emanada de una de ellas mismas.
La felicidad engalanaba el rostro de las flores encendidas.
Sus murmullos balbuceantes apenas dominaban aquel bosque encantado.

Insensatez descomunal de locos.
Creer que lloran lirios esos pedruscos ojinegros.
De manos cogidas con el alma de un amor ya ido en la distancia,
aquellas flores se estremecían al saber
que era yo feliz y, no, no lo creía.

A cal y canto

Qué triste es olvidar el mar
Cuando el azulcelesteoscuro atraviesa la luz de la mirada.

Pájaros que anidan caracolas sobre el lecho de un volcán extinto.
El llanto azul que empoza lágrimas de magma en el río negro.

¿Habrase visto un mar sin horizonte?

A cal y canto
Crujen las oquedades del acantilado abandonado y,
    entre ráfagas de rayos eclipsados,
    eco de trueno crepitante,
Se siente el rumor del despertar ansioso de olas
 batientes en el ocaso doradopardo.

Lentamente, poco a poco,
    el mar se viste de algas azules, verdes, pardas y doradas
    en espera de un baile de los elementos
    irrigando sus arborescencias
    en oleadas de aguas lustrales.

El AEDA

Cada medianoche… era mediodía
El poeta desandaba los pasos retroactivos
  cantando versos en laúdes y arpas engarzados.

Cada medianoche… era mediodía
Se ahogaba el poeta en un aire nebuloso
  las palabras neutras y los versos idos.

Cada medianoche… era mediodía
Había olvidado el tiempo de fotones, neutrones y de quarks

  En la dimensión de un espacio ciego en la inmensidad de Nada.

Cada medianoche… era mediodía

Dame una manita

Unos de estos días
me dirigí al buró de mi editor,
quería imprimir uno de mis libros
y, vaya usted a ver
me perdí en el camino.

Mi madre vino de repente
a darme una manita,
la miré fijamente a sus ojos grandes
y, vaya usted a ver
ella me miró a su vez entristecida.

Qué habrá pasado
con la mente lúcida
de mi adorada hijita,
se preguntó mi madre
y, vaya usted a ver
su mente nunca le fallaba.

Otro de esos días
tomé alguna que otra moneda
las puse en mi cartera descascarillada,
me fui directo al *Five and Ten,*
a *Woolworth*, para más exactitud.
Busqué a *Barbara Hutton*
del brazo de *Rubirosa*
y, vaya usted a ver
la tienda había desaparecido.

Más adelante
creyéndome escritora
y poeta en ciernes por demás,
sobre la hoja en blanco
un palimpsesto me incitaba
a escribir sobre sus borraduras.
También en vano fue
y, vaya usted a ver
se había esfumado todo rastro
  de algún escrito previo.

Sobre mi mesita de noche
recostado en posición supina
un escarabajo hablante metamorfoseado
me ofreció también darme una manita.
Todo fue inútil.
Vaya usted a ver
ni el palimpsesto ni el escarabajo
  ni la poeta en ciernes
  y mucho menos el *Five and Ten.*

Al final quedaba sola mi madre y yo.

1993

Después de aquel amanecer
  no hubo otro.
El hijo no esperó el mandato.
  La madre en silencio
    esperanzado,
el moribundo a su lado.

Ya no habrá otra luna,
otro sol más caldeado.
La abuela ciega insistía que dieran
    a su hijo
más alimento para el cuerpo,
más aliento para su alma.

Cristales por doquier en Tu casa,
la casa soñada que tú diseñaste.
El ficus de ramas oscuras abrazando
    a la niña dormida
en su cama de ribetes dorados.
El día en que todo el silencio
      del universo
    cubrió nuestra morada.

Sigue hijo. Vete en busca
    del secreto
que nos devuelve la esperanza.
Todo fue inútil. Todo fue en vano.
Ya el arquitecto dormía con ojos de santo.

El olvido

Recurso repudiado de la memoria.
Compañero de la paranoia.
Sólo te busco
cuando los dolores de la conciencia
me atormentan.

No te necesito cuando las estrellas
lucen
espléndidas, exultantes, radiantes
en el firmamento de los tiempos
más remotos o más cercanos.

No te necesito cuando las espadas
hieren a las musas
en las mentes más brillantes, hilarantes o
más atesoradas.

No hay que ser intrépido
para descubrir la magia del olvido,
para recordar lo que conviene,
para buscar ayuda en el momento
más desamparado.

El olvido es poderoso, arbitrario, sabio y
muchas veces malintencionado
Aparece en los momentos menos oportunos y
más desafortunados.

El caballo y el pensamiento

Será verdad
que el caballo piensa
me mira y
sé que algo
tiene en mente.

Si tiene hambre
nada expresa
en mi mano alcanza
un pedazo de manzana
su cuello alarga
la arranca de mi mano.

Si le hablo en alta voz
enhiesta sus orejas
las mueve
en rápidos vaivenes
expresando algo.

Salimos al campo
pierdo un nanosegundo
el contacto con su boca o
descuido mi contacto con su cuerpo
baja la cabeza
de un mordisco
arranca lo que encuentra abajo
tal vez es la yerbita verde.

Tiene mi caballo
pensamientos vagos
otros con significado.

Acepta los cambios de su entorno
noche y día,
sol y lluvia,
alimento y su escasez.
Siempre está conforme.
Pasan los años
su hermoso cuerpo languidece,
su lumbroso pelo pierde su brillo
todo,
sus antes fuertes dientes
se tornan puntiagudos,
marrones con fisuras blancas
y cierra sus mandíbulas
en señal de una reciedumbre juvenil
evanecida.
Sus huesos sobresalen de una piel
rugosa y
una membrana enturbia su mirada.

Mi caballo muere sin decirme nada.

De regreso a la semilla

Había risas, amores y una choza.
Perdida en la montaña
no los oía
no la veía
estaba yo ensimismada en un silencio
congelado,
entre una multitud
entre los montes y altiplanos
en las nubes grises,
los cuerpos celestiales,
los cuerpos de la tierra,
en el vapor de agua,
el agua se desliza
por un cuerpo sólido,
el cuerpo evanescente

NADA

Amenazada

Se es joven y la vida es bella.
El amor sonríe en la mirada de todo aquel que ama.

El tumor amenaza ilusiones, víspera de todo lo desconocido,
Y deseas tomar el gesto de un enamorado,
como esperanza de seguir entre los vivos
ilusionada de un amor nunca antes vivido.

Siguió en caminatas bajo lluvias y nevadas, con un vaso entre las manos;
el vino de Burdeos era su preferido, para escoger un sueño entre
Quimeras
todo falso, todo olvido.

Su vida ansiaba un comienzo nuevo
entre los brazos de la percepción.
Las genuflexiones de la madre hicieron mella en el parqué de su morada.
Sus hijos lloraban la tristeza en sus entrañas
del vino en exceso que tomaba para decir bobadas
de un parlamento antaño tan enardecido de palabras y de cantos
que su madre perdía en la penumbra de las copas cada día más
copiosas que nublaban sus sentidos.

La búsqueda

Una madre es sin duda *poeisis*
cautiva en la burbuja inflada de
recuerdos atrapados en las sinapsis
de un monstruo como el *Frankenstein*
de *Mary Shelley*
con sensorialidades y emociones de grandiosidad
sin límites trazados.

Un muro hueco sostiene mi espalda,
me repuntan oníricos resuellos y
mi aliento emana un tufo de infelicidad.

Entre las páginas marcadas del *Lobo* de *Hesse*
busqué con furia la felicidad dormida
y allí encontré la belleza partida en dos mitades
En las memorias de tiempos esclerotizados
bailando entre los brazos de un joven
esquivo y a la vez mostrando celos
de una mujer que había pasado sus mejores años
entre la gloria y el amor de la materia viva.

Mitos

Leyendas

Sueños

Esta noche

Acabo de llegar de casa de mi hija. Después de una encantadora cena familiar, nos dirigimos al salón de estar a seguir la amena charla. Un espacio pequeño, que se abría y envolvía la dulce tibieza que expelen los cuerpos de personas que se aman. Allí retomamos la sobremesa con temas comunes de la actualidad; la situación mundial que, en estos tiempos, se presenta tan confusa, indefinida e inestable. En fin, que fue preciso despedirme solamente por consideración a las respectivas ocupaciones del día siguiente.

Cuando finalmente me disponía a partir, el mullido sofá que acoginaba nuestros cuerpos, parecía negarse a permitir finalizar esta hermosa velada familiar, como en los viejos tiempos.

Antes de salir, abracé a mi nieta mayor, la miré con toda mi intención: mi amor, y pensar que ahora estamos aquí y, en algunos años, estarás tú también con tus hijos y nietos, contándoles sobre esta noche de amor que hubiste de pasar con el recuerdo de una abuela que aún vive en sus memorias."

Los domingos

Era domingo. De manos de mi madre, (muchas veces, también mi padre nos acompañaba y entonces acarreaba a mi hermano) debía asistir a la Misa Católica, aun cuando debía soportar el suplicio del cura emitiendo una sarta de sonidos de los que no entendía ninguno. Y, sin rechistar. Para colmo, era de espalda a la feligresía que los decía y sólo se volteaba y veía sin mirar fijamente a todos los aledados fieles meapilas para decir: *In nomine Patris et Fílii et Spíritus Sancti*, al mismo tiempo, haciendo la señal de la Cruz, y todos debíamos responder: *AMÉN*. Nada qué hacer: era niña y tenía la obligación de seguir todos los Preceptos de la Iglesia.

Día de los fieles difuntos

Desde el día anterior sabíamos que El Día de los Fieles Difuntos no se podía jugar, ni hacer ruido, Dios nos librara de decir una mala palabra; los padres descansaban en su habitación y mi hermano y yo, en compañía de la niñera, nos mirábamos de reojo al tener que oír solamente lo que salía de la única estación de radio: música sacra. Para colmo, la niñera nos contaba todos los cuentos y leyendas folclóricas de los campos habidos y por haber, entre los que podía incluir al Cuco o a algún que otro Bacá. Quedábamos por siempre jamás con un miedo rotundo a ambos monstruos de la noche con los cuales nos advertían ante cualquier desobediencia. Al mediodía, nos sentábamos a la mesa, en todo momento guardando un silencio de mortuorio y, de vez en cuando, haciendo cualquier pregunta que tuviese relación con la vida de los santos o de Jesucristo, en el contexto de su niñez. Imagino que serían inventadas, porque de la niñez del Niño Dios no hay nada escrito ni siquiera en la Biblia.

Mi felicidad va de la mano con aquellas ocasiones inolvidables de aquellos tiempos...

María la O

Éranse las 4 de la tarde de cada día. Hora de nuestro paseo diario por el pintoresco Malecón que bordea el impredecible Mar Caribe. Baste decir que era muy escaso el tráfico en Santo Domingo y, ni qué hablar, de los pueblos del interior. Dispuestos a las travesuras consuetudinarias de los niños, mi hermano y yo bajábamos por la calle Pasteur, con la engorrosa compañía de la niñera de turno sin la que no podíamos ir ni a la esquina. En el camino comíamos sabrosas almendras que encontrábamos en el suelo. Y, vaya usted a saber las bacterias que acompañaban las gustosas frutas, el resultado de un próximo dolor de barriga cuya procedencia simulábamos desconocer. Tan pronto llegábamos al Malecón para gozar con el tranquilo vaivén de las olas bordadas con una blanca espuma, que semejaban suspiritos de merengue muy apetitosos. Mientras tanto, yo repensaba y tomaba fuerzas para mi siguiente diablura:

"María la O, María la O,
tu madre es puta
y la mía no."

Vociferaba con todas mis fuerzas al tranquilo mar, que, pacientemente, parecía oír mi vocinglería, varias veces repetidas en espera de una reacción del mar.

"María la O, María la O,
tu madre es puta
y la mía no."

Esperaba. Esperaba. La niñera y mi buen hermano me miraban fijamente. Imagino que tendrían ganas de ahorcarme. Lo único que puedo decir es que poco a poco, el viento arreciaba su fuerza con soplos sobrenaturales. El tranquilo oleaje agrandaba el volumen de sus aguas agigantándose como un coloso enfurecido. Respondía a mis gritos, listo a salirse de sus límites para hundirme en sus profundidades y compartir conmigo su castigo eterno. Aterrada, eso me pasaba por ser tan traviesa.

Era el mar de lágrimas de la niña mentirosa y hereje que un Viernes Santo, sin haber asistido a Misa y, a sabiendas de su desobediencia, se bañó en un río y se convirtió en mitad pez, mitad humano. Al verse imposibilitada de volver a vivir entre nosotros, sus copiosas lágrimas llenaron el vastísimo espacio que Dios tenía previsto para el mar.

Mañana será otro día…

Reflexión a tiempo

Sobre la mullida grama que con tanto esmero cuida mi abuela, me siento a pensar sobre mi porvenir. Mi padre me mira de lejos. Mi madre a su lado. Siento sus miradas que atraviesan mi púber cuerpecito. Me pregunto cuál sería el contenido de sus pensamientos en aquellos instantes. Me pongo de pie, voy hacia ellos. Nadie, ni siquiera ellos mismos, pueden predecir mi futuro. Bueno, tal vez, algún que otro vidente. Medito, pienso en mi futuro, mi posible futuro.

Ahora es el futuro. Pienso en mi padre. Pienso en mi madre. Pienso en mí.

Miro desde arriba.

Abrazados los tres en uno solo.

Partimos uno hacia la eternidad.

Boca chica

Mi playa olía a arena blanca como el talco
Sus aguas transparentes abrían sus ojos a cualquier profundidad
Su casita plantada a pocos metros de la orilla
Daba cobijo a los niños, a las mantarrayas, a los erizos
a los pececillos de colores y a las medusas.
Eran bellas esas Górgonas, pero venenosas por demás.
Había también un islote verde poblado de monos y
y guacamayos traídos de ultramar.
Más allá, La Boca daba paso al mar que llenaba
ese estanque azul que era mi playa,
Boca Chica es su nombre.

Las casitas que bordeaban la costa eran pintorescas y muy bellas.
Las aguas de esa zona eran turbulentas y furiosas,
Sus olas rompían en el acantilado y
Las siestas y las noches eran para jamás olvidar.

Los días han pasado, las semanas, los meses y los años. Ayer era niña, luego adulta, ahora soy adulta gris y la alegría, la tristeza y la soledad me han atravesado el cuerpo, el alma y el espíritu. Ahora debo irme.

Sobre la arena blanca me espera el AMOR VESTIDO DE MAR.

Viaje al fondo de mi alma

27 de abril, 2020

Anoche, muy tarde en la noche, hice un viaje al fondo de mi alma. Me sentí adormilada por el sonido de una voz masculina muy tierna y profunda que venía del fondo negro de un lago negro que mecía mi dulce ingravidez dentro del reservorio acuoso que era el vientre de mi madre. Y de súbito, ahora estaba afuera del agua. Me encontraba sentada sobre un duro banco de piedra coralina muy áspera que hacía daño a mis tiernas piernecitas de niña. Sobre la arena blanca, muy fina, tan fina que apenas sentía el entrar y salir de sus polvillos por entre los deditos de mis pies para sentir no más que el frío helado del banco de piedra en mis nalgas y en mi entrepierna y en el ángulo que marca la separación de la pierna y el muslo mientras miraba muy lejos sobre el agua deslizándose el bote de plata refulgente sobre el cual iba un joven hermoso que podría haberse llamado David de no haber sido por la piel chamuscada bajo los rayos candentes del sol y yo la hormiga invisible sentada sobre el banco duro sobre la arena blanca sin merecer una sola mirada de aquel hermoso joven como tampoco sabía yo que tenía un corazón de no ser porque algo dentro de mi estrecho pecho pequeño latía muy velozmente ante aquella visión del joven David chamuscada la piel y el bote patinando sobre la superficie de un mar que tan claro era su azul que semejaba ser blanco y el blanco se tornaba azulado cual reflejo del cielo que servía de manto a aquella dulce escena en el fondo de mi alma.

Índice

El tiempo 11
Incertidumbre 12
Cautiverio 13
Al paso de la luna 14
Perplejidad 15
El “spleen” de un París nonacentista 17
Mi alma vuela 18
Un regalo al mundo 19
Caléndula 21
Mi mundo 23
Amanecer entre las nubes 25
El durmiente del valle 27
La palabra 28
Sobre tu boca 29
Amor en una gota 31
I 32
II 33
III 34
La tortolita roja 35
El horizonte de la infancia 36
La muerte 37
La esencia 38
Danza de deidades 39
La tormentna 40
Soy feliz y no lo creo 41
A cal y canto 42
El AEDA 43

Dame una mannita 44
1993 46
El olvido 47
El caballo y el pensamiento 48
De regreso a la semilla 50
Amenazada 51
La búsqueda 52

MITOS
LEYENDAS
SUEÑOS

Esta noche 55
Los domingos 56
Días de los fieles difuntos 57
María la O 58
Reflexión a tiempo 60
Boca chica 61
Viaje al fondo de mi alma 62

Esta obra
se acabó de imprimir
bajo los auspicios de
Charo Fierro y
Antonio J. Huerga, editores.

FINIS CORONAT OPUS